Date :

Lieu :

Météo :

Ce que j'ai vu aujourd'hui :

Ce que j'ai mangé aujourd'hui :

Ce que j'ai appris aujourd'hui :

Ce que j'ai adoré faire aujourd'hui :

_____
_____
_____

J'évalue ma journée :

Croquis / Photo :

Date :

Lieu :

Météo :

Ce que j'ai vu aujourd'hui :

Ce que j'ai mangé aujourd'hui :

Ce que j'ai appris aujourd'hui :

Ce que j'ai adoré faire aujourd'hui :

_____

_____

_____

J'évalue ma journée :

Croquis / Photo :

Date :

Lieu :

Météo :

Ce que j'ai vu aujourd'hui :

Ce que j'ai mangé aujourd'hui :

Ce que j'ai appris aujourd'hui :

Ce que j'ai adoré faire aujourd'hui :

_____

_____

_____

J'évalue ma journée :

Croquis / Photo :

Date :

Lieu :

Météo :

Ce que j'ai vu aujourd'hui :

Ce que j'ai mangé aujourd'hui :

Ce que j'ai appris aujourd'hui :

Ce que j'ai adoré faire aujourd'hui :

_____

_____

_____

J'évalue ma journée :

Croquis / Photo :

Date :

Lieu :

Météo :

Ce que j'ai vu aujourd'hui :

Ce que j'ai mangé aujourd'hui :

Ce que j'ai appris aujourd'hui :

Ce que j'ai adoré faire aujourd'hui :

_____

_____

_____

J'évalue ma journée :

Croquis / Photo :

Date :

Lieu :

Météo :

Ce que j'ai vu aujourd'hui :

Ce que j'ai mangé aujourd'hui :

Ce que j'ai appris aujourd'hui :

Ce que j'ai adoré faire aujourd'hui :

_____

_____

_____

J'évalue ma journée :

Croquis / Photo :

Date :

Lieu :

Météo :

Ce que j'ai vu aujourd'hui :

Ce que j'ai mangé aujourd'hui :

Ce que j'ai appris aujourd'hui :

Ce que j'ai adoré faire aujourd'hui :

_____
_____
_____

J'évalue ma journée :

Croquis / Photo :

Date :

Lieu :

Météo :

Ce que j'ai vu aujourd'hui :

Ce que j'ai mangé aujourd'hui :

Ce que j'ai appris aujourd'hui :

Ce que j'ai adoré faire aujourd'hui :

_____
_____
_____

J'évalue ma journée :

Croquis / Photo :

Date :

Lieu :

Météo :

Ce que j'ai vu aujourd'hui :

Ce que j'ai mangé aujourd'hui :

Ce que j'ai appris aujourd'hui :

Ce que j'ai adoré faire aujourd'hui :
___
___
___

J'évalue ma journée :

Croquis / Photo :

Date :

Lieu :

Météo :

Ce que j'ai vu aujourd'hui :

Ce que j'ai mangé aujourd'hui :

Ce que j'ai appris aujourd'hui :

Ce que j'ai adoré faire aujourd'hui :

_____

_____

_____

J'évalue ma journée :

Croquis / Photo :

Date :

Lieu :

Météo :

Ce que j'ai vu aujourd'hui :

Ce que j'ai mangé aujourd'hui :

Ce que j'ai appris aujourd'hui :

Ce que j'ai adoré faire aujourd'hui :

_____

_____

_____

J'évalue ma journée :

Croquis / Photo :

Date :

Lieu :

Météo :

Ce que j'ai vu aujourd'hui :

Ce que j'ai mangé aujourd'hui :

Ce que j'ai appris aujourd'hui :

Ce que j'ai adoré faire aujourd'hui :

_____

_____

_____

J'évalue ma journée :

Croquis / Photo :

Date :

Lieu :

Météo :

Ce que j'ai vu aujourd'hui :

Ce que j'ai mangé aujourd'hui :

Ce que j'ai appris aujourd'hui :

Ce que j'ai adoré faire aujourd'hui :

_____
_____
_____

J'évalue ma journée :

Croquis / Photo :

Date :

Lieu :

Météo :

Ce que j'ai vu aujourd'hui :

Ce que j'ai mangé aujourd'hui :

Ce que j'ai appris aujourd'hui :

Ce que j'ai adoré faire aujourd'hui :

_____

_____

_____

J'évalue ma journée :

Croquis / Photo :

Date :

Lieu :

Météo :

Ce que j'ai vu aujourd'hui :

Ce que j'ai mangé aujourd'hui :

Ce que j'ai appris aujourd'hui :

Ce que j'ai adoré faire aujourd'hui :

_____

_____

_____

J'évalue ma journée :

Croquis / Photo :

Date :

Lieu :

Météo :

Ce que j'ai vu aujourd'hui :

Ce que j'ai mangé aujourd'hui :

Ce que j'ai appris aujourd'hui :

Ce que j'ai adoré faire aujourd'hui :
_____
_____
_____

J'évalue ma journée :

Croquis / Photo :

Date :

Lieu :

Météo :

Ce que j'ai vu aujourd'hui :

Ce que j'ai mangé aujourd'hui :

Ce que j'ai appris aujourd'hui :

Ce que j'ai adoré faire aujourd'hui :

_____
_____
_____

J'évalue ma journée :

Croquis / Photo :

Date :

Lieu :

Météo :

Ce que j'ai vu aujourd'hui :

Ce que j'ai mangé aujourd'hui :

Ce que j'ai appris aujourd'hui :

Ce que j'ai adoré faire aujourd'hui :

_____

_____

_____

J'évalue ma journée :

Croquis / Photo :

Date :

Lieu :

Météo :

Ce que j'ai vu aujourd'hui :

Ce que j'ai mangé aujourd'hui :

Ce que j'ai appris aujourd'hui :

Ce que j'ai adoré faire aujourd'hui :

_____

_____

_____

J'évalue ma journée :

Croquis / Photo :

Date :

Lieu :

Météo :

Ce que j'ai vu aujourd'hui :

Ce que j'ai mangé aujourd'hui :

Ce que j'ai appris aujourd'hui :

Ce que j'ai adoré faire aujourd'hui :

_____

_____

_____

J'évalue ma journée :

Croquis / Photo :

Date :

Lieu :

Météo :

Ce que j'ai vu aujourd'hui :

Ce que j'ai mangé aujourd'hui :

Ce que j'ai appris aujourd'hui :

Ce que j'ai adoré faire aujourd'hui :

_____

_____

_____

J'évalue ma journée :

Croquis / Photo :

Date :

Lieu :

Météo :

Ce que j'ai vu aujourd'hui :

Ce que j'ai mangé aujourd'hui :

Ce que j'ai appris aujourd'hui :

Ce que j'ai adoré faire aujourd'hui :

_____
_____
_____

J'évalue ma journée :

Croquis / Photo :

Date :

Lieu :

Météo :

Ce que j'ai vu aujourd'hui :

Ce que j'ai mangé aujourd'hui :

Ce que j'ai appris aujourd'hui :

Ce que j'ai adoré faire aujourd'hui :

_____

_____

_____

J'évalue ma journée :

Croquis / Photo :

Date :

Lieu :

Météo :

Ce que j'ai vu aujourd'hui :

Ce que j'ai mangé aujourd'hui :

Ce que j'ai appris aujourd'hui :

Ce que j'ai adoré faire aujourd'hui :

_____

_____

_____

J'évalue ma journée :

Croquis / Photo :

Date :

Lieu :

Météo :

Ce que j'ai vu aujourd'hui :

Ce que j'ai mangé aujourd'hui :

Ce que j'ai appris aujourd'hui :

Ce que j'ai adoré faire aujourd'hui :

_____

_____

_____

J'évalue ma journée :

Croquis / Photo :

Date :

Lieu :

Météo :

Ce que j'ai vu aujourd'hui :

Ce que j'ai mangé aujourd'hui :

Ce que j'ai appris aujourd'hui :

Ce que j'ai adoré faire aujourd'hui :

_____
_____
_____

J'évalue ma journée :

Croquis / Photo :

Date :

Lieu :

Météo :

Ce que j'ai vu aujourd'hui :

Ce que j'ai mangé aujourd'hui :

Ce que j'ai appris aujourd'hui :

Ce que j'ai adoré faire aujourd'hui :

_____

_____

_____

J'évalue ma journée :

Croquis / Photo :

Date :

Lieu :

Météo :

Ce que j'ai vu aujourd'hui :

Ce que j'ai mangé aujourd'hui :

Ce que j'ai appris aujourd'hui :

Ce que j'ai adoré faire aujourd'hui :

_____

_____

_____

J'évalue ma journée :

Croquis / Photo :

Date :

Lieu :

Météo :

Ce que j'ai vu aujourd'hui :

Ce que j'ai mangé aujourd'hui :

Ce que j'ai appris aujourd'hui :

Ce que j'ai adoré faire aujourd'hui :

_____
_____
_____

J'évalue ma journée :

Croquis / Photo :

Date :

Lieu :

Météo :

Ce que j'ai vu aujourd'hui :

Ce que j'ai mangé aujourd'hui :

Ce que j'ai appris aujourd'hui :

Ce que j'ai adoré faire aujourd'hui :

_____

_____

_____

J'évalue ma journée :

Croquis / Photo :

Date :

Lieu :

Météo :

Ce que j'ai vu aujourd'hui :

Ce que j'ai mangé aujourd'hui :

Ce que j'ai appris aujourd'hui :

Ce que j'ai adoré faire aujourd'hui :

_____

_____

_____

J'évalue ma journée :

Croquis / Photo :

Date :

Lieu :

Météo :

Ce que j'ai vu aujourd'hui :

Ce que j'ai mangé aujourd'hui :

Ce que j'ai appris aujourd'hui :

Ce que j'ai adoré faire aujourd'hui :

_____
_____
_____

J'évalue ma journée :

Croquis / Photo :

Date :

Lieu :

Météo :

Ce que j'ai vu aujourd'hui :

Ce que j'ai mangé aujourd'hui :

Ce que j'ai appris aujourd'hui :

Ce que j'ai adoré faire aujourd'hui :

_____

_____

_____

J'évalue ma journée :

Croquis / Photo :

Date :

Lieu :

Météo :

Ce que j'ai vu aujourd'hui :

Ce que j'ai mangé aujourd'hui :

Ce que j'ai appris aujourd'hui :

Ce que j'ai adoré faire aujourd'hui :
_____
_____
_____

J'évalue ma journée :

Croquis / Photo :

Date :

Lieu :

Météo :

Ce que j'ai vu aujourd'hui :

Ce que j'ai mangé aujourd'hui :

Ce que j'ai appris aujourd'hui :

Ce que j'ai adoré faire aujourd'hui :

_____

_____

_____

J'évalue ma journée :

Croquis / Photo :

Date :

Lieu :

Météo :

Ce que j'ai vu aujourd'hui :

Ce que j'ai mangé aujourd'hui :

Ce que j'ai appris aujourd'hui :

Ce que j'ai adoré faire aujourd'hui :

_____

_____

_____

J'évalue ma journée :

Croquis / Photo :

Date :

Lieu :

Météo :

Ce que j'ai vu aujourd'hui :

Ce que j'ai mangé aujourd'hui :

Ce que j'ai appris aujourd'hui :

Ce que j'ai adoré faire aujourd'hui :

_____

_____

_____

J'évalue ma journée :

Croquis / Photo :

Date :

Lieu :

Météo :

Ce que j'ai vu aujourd'hui :

Ce que j'ai mangé aujourd'hui :

Ce que j'ai appris aujourd'hui :

Ce que j'ai adoré faire aujourd'hui :

_____

_____

_____

J'évalue ma journée :

Croquis / Photo :

Date :

Lieu :

Météo :

Ce que j'ai vu aujourd'hui :

Ce que j'ai mangé aujourd'hui :

Ce que j'ai appris aujourd'hui :

Ce que j'ai adoré faire aujourd'hui :

_____

_____

_____

J'évalue ma journée :

Croquis / Photo :

Date :

Lieu :

Météo :

Ce que j'ai vu aujourd'hui :

Ce que j'ai mangé aujourd'hui :

Ce que j'ai appris aujourd'hui :

Ce que j'ai adoré faire aujourd'hui :

_____
_____
_____

J'évalue ma journée :

Croquis / Photo :

Date :

Lieu :

Météo :

Ce que j'ai vu aujourd'hui :

Ce que j'ai mangé aujourd'hui :

Ce que j'ai appris aujourd'hui :

Ce que j'ai adoré faire aujourd'hui :
_____
_____
_____

J'évalue ma journée :

Croquis / Photo :

Date :

Lieu :

Météo :

Ce que j'ai vu aujourd'hui :

Ce que j'ai mangé aujourd'hui :

Ce que j'ai appris aujourd'hui :

Ce que j'ai adoré faire aujourd'hui :

_____

_____

_____

J'évalue ma journée :

Croquis / Photo :

Date :

Lieu :

Météo :

Ce que j'ai vu aujourd'hui :

Ce que j'ai mangé aujourd'hui :

Ce que j'ai appris aujourd'hui :

Ce que j'ai adoré faire aujourd'hui :

_____

_____

_____

J'évalue ma journée :

Croquis / Photo :

Date :

Lieu :

Météo :

Ce que j'ai vu aujourd'hui :

Ce que j'ai mangé aujourd'hui :

Ce que j'ai appris aujourd'hui :

Ce que j'ai adoré faire aujourd'hui :

_____

_____

_____

J'évalue ma journée :

Croquis / Photo :

Date :

Lieu :

Météo :

Ce que j'ai vu aujourd'hui :

Ce que j'ai mangé aujourd'hui :

Ce que j'ai appris aujourd'hui :

Ce que j'ai adoré faire aujourd'hui :

_____

_____

_____

J'évalue ma journée :

Croquis / Photo :

Date :

Lieu :

Météo :

Ce que j'ai vu aujourd'hui :

Ce que j'ai mangé aujourd'hui :

Ce que j'ai appris aujourd'hui :

Ce que j'ai adoré faire aujourd'hui :

_____

_____

_____

J'évalue ma journée :

Croquis / Photo :

Date :

Lieu :

Météo :

Ce que j'ai vu aujourd'hui :

Ce que j'ai mangé aujourd'hui :

Ce que j'ai appris aujourd'hui :

Ce que j'ai adoré faire aujourd'hui :

_____

_____

_____

J'évalue ma journée :

Croquis / Photo :

Date :

Lieu :

Météo :

Ce que j'ai vu aujourd'hui :

Ce que j'ai mangé aujourd'hui :

Ce que j'ai appris aujourd'hui :

Ce que j'ai adoré faire aujourd'hui :
_____
_____
_____

J'évalue ma journée :

Croquis / Photo :

Date :

Lieu :

Météo :

Ce que j'ai vu aujourd'hui :

Ce que j'ai mangé aujourd'hui :

Ce que j'ai appris aujourd'hui :

Ce que j'ai adoré faire aujourd'hui :

_____

_____

_____

J'évalue ma journée :

Croquis / Photo :

Date :

Lieu :

Météo :

Ce que j'ai vu aujourd'hui :

Ce que j'ai mangé aujourd'hui :

Ce que j'ai appris aujourd'hui :

Ce que j'ai adoré faire aujourd'hui :

_____
_____
_____

J'évalue ma journée :

Croquis / Photo :

Printed in France by Amazon
Brétigny-sur-Orge, FR